APPRENDRE A UTILISER VOTRE CERVEAU

LES GRAINES MENTALES ET LA MAUVAISE HERBE

PAR : MEZZINE Mustapha

Sommaire

INTRODUCTION

Les concepts que vous allez trouvez dans cet ouvrage sont présents dans notre vie de tous les jours, aux bureaux, à l'université, à la maison, aux restaurants, aux ateliers de travail, et dans tout coin de la société.

Si un lecteur a le temps et le désir de les lire avec précision en les ressentant au fond de soi même, il peut transformer sa vie dans le sens positif.

Ces concepts peuvent éveiller votre curiosité, et renforcer votre potentiel.

Ils nous permettent de prendre conscience des types de comportement que nous assimilons et reproduisons, de comprendre et d'avoir une idée sur :

Comment, on fonctionne en tant qu'un système cohérent : nos pensées, nos sensations, la façon dont nous percevons l'environnement dans lequel nous vivons.

Le but de cet ouvrage

L'E-book vise :

A combler tous ceux qui sont fascinés par les relations humaines

A encourager les personnes à agir pour façonner leur vie

A attirer ceux qui osent et ceux qui sont prêts à découvrir de nouveaux horizons

A résoudre des problèmes et évoluer sur le plan personnel

A découvrir ce qui est essentiel pour poursuivre vos objectifs avec énergie et conviction

A découvrir les meilleurs moyens de comprendre le style d'autrui, afin de vous aider à faire passer votre propre message.

A découvrir le bon moment pour établir, ou interrompre le rapport

A découvrir la manière de favoriser l'interaction entre votre inconscient et votre conscient

CHAPITRE 1

Comment peut-on être un bon être ?

A chaque fois, je me demande pourquoi l'être humain, parfois il agit et obtient des bons résultats, et parfois il n'a que des résultats catastrophiques.

Je vois que notre action dépend de notre état neurophysiologique.et la variation de notre état neurophysiologique implique la variation des résultats obtenus.

Nous devons savoir qu'à chaque moment de la vie, l'être humain se trouve dans un état donné.

Il existe des états comme : La confiance, l'amour, l'extase, la conviction….. Qui nous donnent le dynamisme, la force, l'énergie.

Ces états nous permettent de capter toutes les ressources dont on dispose.

Il existe aussi des états qui nous paralysent, comme : le désarroi, la dépression, la peur, l'angoisse, la tristesse, la frustration…..qui nous rendent impuissants, maladroits, pessimistes et incapables d'agir positivement.

Au cours de notre vie, on passe parfois d'un bons aux mauvais états et réciproquement.

Donc c'est très simple d'être un bon être, puisque le résultat dépend de l'action, c'est-à-dire du comportement, et le comportement dépend de l'état neurologique interne, alors il suffit d'être conscient et de savoir gérer vos états internes.

Commencez par comprendre l'état dans lequel vous êtes.

Modifiez vos états internes paralysants par vos états internes dynamisant

Notre comportement résulte de l'état dans lequel nous sommes

Et notre réussite dépend de notre comportement.

Apprendre à contrôler vos états

Quand on n'est mal traité par quelqu'un

On ne doit pas dire ou faire des choses qu'on va regretter par la suite.

On doit apprendre à substituer la colère par la compréhension

On doit apprendre à utiliser les états qui permettent d'agir de manière décisive, cohérente et déterminée.

On doit apprendre à contrôler nos états, donc nos comportements

On doit savoir qu'un état peut être défini comme la somme des milliers de phénomènes neurophysiologiques qui se produisent en nous, c'est-à-dire tous ce qui nous arrive à un moment donné

On doit savoir que la plupart de nos états s'instaurent sans intervention consciente de notre part.

On doit savoir qu'un événement se produit et nous y réagissons en nous mettant dans un état particulier.

On doit savoir que ceux qui réussissent sont ceux qui savent se mettre à volonté dans un état dynamogène.

On doit savoir que la clé de la réussite, c'est la capacité à contrôler ses états.

On doit savoir que pour parvenir à la réussite, il faut utiliser efficacement son cerveau et comprendre comment il fonctionne.

On doit savoir ce qui crée ces états et savoir modifier ces états pour modifier sa façon de voir la vie.

Les éléments qui engendrent notre état interne

Notre comportement résulte de notre état neurophysiologique.

Nous devons savoir les éléments qui créent cet état.

Un état se compose de deux éléments principaux :

1/ Nos représentations internes

2/ Notre physiologie

Nous devons savoir que : notre représentation du monde et notre interprétation des situations créent l'état dans lequel nous sommes et donc le type de comportement que nous allons adopter.

Ex : comment traitez vous celui ou celle avec qui vous vivez, quand il

(Elle) rentre plus tard que prévu à la maison ?

Votre réaction dépend de l'état dans lequel vous êtes au moment de son retour.

Cet état est lui-même déterminé par la raison que vous vous êtes donnée pour expliquer ce retard.

Si pendant des heures vous vous êtes imaginé l'être aimé victime d'accident, couvert du sang, blessé, hospitalisé ou mort, quand il arrive, vous allez selon le cas pousser un soupir de soulagement, fondre en larme, ou le serrer dans vos bras avant de lui demander ce qui s'est passé .

Ces comportements dépendent de votre état d'inquiétude.

Si vous avez pensé qu'il avait une aventure amoureuse secrète, ou si vous vous êtes répété longuement qu'il est en retard parce qu'il se moque de ce que vous éprouvez, vous lui réserverez un accueil radicalement différent.

Donc l'état de colère ou de déception dans lequel nous sommes, engendrera un certain type de comportement.

Les causes des états d'inquiétude et de colère

Pourquoi un individu parfois il se trouve dans un état d'inquiétude, de colère ou de méfiance devant un événement ou un autre.

Les causes sont nombreuses :

Soit l'individu imite les réactions de ses parents ou d'autres modèles.

Ex: Si quand vous étiez enfants, votre mère s'inquiétait toujours quand votre père rentrait en retard, vous aurez peut être tendance à voir les choses sous un jour inquiétant.

Si votre mère se plaignait de ne pas pouvoir faire confiance à votre père, vous pouvez être tenté d'imiter ce modèle.

Donc, nos convictions, nos réactions, nos valeurs, nos croyances, et nos expériences passées modifient en effet les types de représentations que nous faisons d'autrui.

Autres facteurs : Notre condition physiologique, notre tension musculaire, notre alimentation, notre façon de respirer, notre posture, le niveau général de notre fonctionnement biochimique.

Tous ces éléments ont une influence sur notre état.

Les représentations internes et la physiologie fonctionnent ensemble selon une boucle cybernétique.

Tous ce qui affecte l'un affecte automatiquement l'autre

On peut tirer une conclusion que : Modifier son état, implique donc de transformer ses représentations internes et sa physiologie.

Comment contrôler vos états ?
Un individu, quand il est dans un état physiologique de grande tension musculaire ou de fatigue, quand il souffre ou quand il manque de sucre dans le sang, il a tendance à représenter les choses d'une manière qui amplifie ses sentiments désagréables.

Quand l'individu se sens en pleine forme, il ne voit pas le monde de la même façon que lorsqu'il est fatigué ou malade.

Donc, notre condition physique modifie entièrement notre manière de nous représenter les choses et, des vivres.

Ces deux facteurs : représentation interne et condition physique réagissent l'un sur l'autre pour créer l'état dans lequel nous sommes, lequel détermine notre comportement.

Pour contrôler notre vie, il est nécessaire de contrôler nos états, et pour contrôler nos états, nous devons agir sur nos représentations internes et sur notre physiologie.

Le mécanisme de nos sensations

Les êtres humains reçoivent et interprètent les informations fournies par leur environnement au moyen de leur cinq sens : le gout l'adorât, la vue, l'ouïe et le toucher.

L'être humain prend la plupart de ses décisions qui modifient son comportement en utilisant trois de ces sens : la vue, l'ouïe et le toucher.

Ces récepteurs spécialisés transmettent au cerveau les stimuli extérieurs et par divers processus de généralisation, de distorsion et de tri, le cerveau transforme ces signaux électriques en une représentation interne.

Notre expérience de l'événement n'est donc pas exactement ce qui s'est produit, mais la représentation interne, personnalisée de ce qui s'est produit.

La conscience d'un individu ne peut pas traiter tous les signaux qui lui

parviennent.si non on ne tarde pas à devenir fou, si on doit consciemment attribuer un sens à des millions de stimuli allant de la pulsation du sang dans notre pouce gauche à une

vibration dans nos oreilles.

Le cerveau procède donc à un filtrage et stocke l'information dont il a besoin ou dont il pense avoir besoin plus tard et fait en sorte que le conscient n'ait pas à se préoccuper du reste.

Ce filtrage explique l'immense variété de la perception humaine.

EX :

Deux personnes peuvent assister au même accident de la circulation, et en faire des récits différents.

L'une accordera une très grande importance à ce qu'elle a vu, et l'autre à ce qu'elle a entendu.

Chaque témoin entamera le processus de perception avec un outil physiologique différent.

Le premier a peut être une acuité visuelle parfaite, alors que le second est myope, ou l'un d'eux peut avoir un accident dans le passé et en avoir gardé un souvenir très présent, dans tous les cas, ils se feront une représentation différente du même événement.

La gestion de la mémoire

L'individu quand il représente un événement, sa représentation interne n'est pas une restitution exacte de l'événement, ce n'en est qu'une interprétation filtrée par des convictions, des positions, des valeurs personnelles, des croyances et des expériences passées.

Puisque nous ignorons comment sont réellement les choses et que nous n'en connaissons que la représentation que nous en faisons, pourquoi ne pas les représenter d'une manière qui nous donne du pouvoir et en donne aux autres, au lieu de nous imposer des limites ?

La clé de cette opération s'appelle : la gestion de la mémoire.

C'est-à-dire la formation des représentations qui créent systématiquement des états dynamisant.

Dans toute expérience, on peut se concentrer sur des aspects très divers, même ce lui à qui tout sourit peut ne voir que, ce qui ne va pas, et se mettre dans un état de dépression, de frustration, ou de colère. Ou au contraire se fixer sur tout ce qui lui réussit.

Donc, quelque soit l'horreur de la situation, nous pouvons toujours la représenter d'une manière qui augmente notre pouvoir.

Nous devons savoir que : rien n'est ni bon ni mauvais en soi.

La valeur d'un événement dépend de la façon dont nous nous le représentons.

Nous pouvons voir les choses d'une manière qui nous mette dans un état constructif ou faire le contraire.

Pour obtenir les résultats que l'on désir, il faut se représenter les choses de façon à se mettre dans un état suffisamment fécond pour y puiser le pouvoir d'entreprendre.

Si vous n y parvenez pas, c'est parce que, vous ne pouvez même pas essayez de le faire, ou que vous essayez avec trop peu de conviction.

La naissance du comportement

Si un individu représente une situation d'échec, il est sur d'échouer.

Quand nous créons l'état approprié à la situation, nous créons du même coup, la situation la plus favorable pour utiliser toutes nos ressources efficacement.

Mais si les représentations internes et la physiologie concourent à réer l'état qui donne naissance à des comportements, alors on peut se demander et chercher à savoir, ce qui détermine l'apparition de ces comportements quand nous sommes dans cet état.

Une personne en état d'amour vous serrera dans ses bras, alors qu'une autre se contentera de vous dire qu'elle vous aime.

Cela parce que, lorsque nous nous mettons dans un état donné, notre cerveau a alors accès à un choix de comportement, ce choix dépend lui-même des modèles dont nous disposons.

Certaines personnes, quand elles sont en colère ne disposent que d'un modèle de réaction : elles explosent, parce que, c'est ce qu'elles ont appris en observant leurs parents.

Certaines ont pu essayer d'autres réactions, qui leur ont permis d'obtenir ce qu'il voulait, et les ont enregistrées dans leur mémoire pour un usage ultérieur.

Chacun de nous a des conceptions du monde, des schémas, et sa perception de l'environnement.

A partir des gens que nous connaissons, des livres que nous lisons ou des films que nous voyons, nous formons une image du monde, et de ce qu'il est possible d'y faire.

En imitant d'autres individus, nous devons découvrir les convictions particulières qui les amènent à se représenter un monde ou l'action est possible.

Nous devons trouver exactement, comment ils se représentent leurs expériences du monde, quelles sont les images qu'ils forment dans leur esprit, ce qu'ils se disent, ce qu'ils ressentent.

Si nous réussissons à envoyer les mêmes messages à notre corps, nous pouvons produire les mêmes résultats.

Toute la question de l'imitation est là.

Les résultats ne se produisent pas seuls, mais ils sont le fruit de nos actions mentales et physiques.

Si vous ne décidez pas consciemment des résultats que vous voulez produire, et que vous ne vous représentez pas les choses en conséquence, un phénomène extérieur (une conversation, une émission de télévision …..), risque de provoquer en vous un état négatif.

La vie est comme une rivière, elle court, vous risquez d'être emporter par elle, si vous ne prenez pas des mesures volontaires, conscientes, pour vous diriger dans la direction que vous avez choisie.

Les graines mentales et psychologiques

Si l'individu ne plante pas les graines mentales et physiologiques de l'effet, qu'il a l'intension de rechercher, la mauvaise herbe poussera toute seule.

Lorsque nous ne nous dirigeons pas consciemment, notre environnement risque de créer des états indésirables et de provoquer des effets catastrophiques.

Nous devons donc monter la garde devant la porte de notre esprit, savoir quelles représentations nous y formons, désherber notre jardin mental, jour après jour.

Nous devons fixer nos pensées sur ce que nous désirons, et non sur ce que nous ne voulons pas.

Si vous vous concentrer continuellement, sur ce qu'il y a de plus mauvais dans la vie, vous vous mettez dans un état qui favorise le pire.

L'individu a toujours le choix de se représenter les choses autrement, il peut ainsi créer un nouvel état, et engendrer les comportements qui en découlent.

Si vous vous représentez l'homme ou la femme que vous aimez, entrain de vous tromper, vous ne tarderez pas à vous retrouvez dans un état de colère.

Vous n'avez aucune preuve qu'on vous trompe, mais vous vous comportez comme si c'était le cas.

Lorsque cette personne va rentrer à la maison, vous allez être furieux, quand vous êtes dans cet état, comment traitez-vous l'autre ? Généralement assez mal, vous allez l'insulter, ou ressentir un tel malaise que vous finirez par provoquer des mesures de rétorsion. L'être aimé n a, peut être rien fait, mais l'état dans lequel vous vous êtes mis, a engendré un comportement qui risque de lui donner envie d'être avec quelqu'un d'autre.

Or, il est toujours possible de remplacer ces images négatives, par celles de l'être aimé faisant tout son possible pour rentrer à la maison.

La plupart du temps, il ne s'est rien passé, mais l'individu cause de la souffrance à l'autre et à lui-même.

La communication avec nous même

Si nous contrôlons la façon dont nous communiquons avec nous même, et dont nous émettons des signaux visuels, sonores et gestuels de ce que nous voulons, nous pouvons obtenir des effets remarquables, même dans des situations ou les chances de succès semblent faibles ou nulles.

Les chefs d'entreprises, les entraineurs sportifs, les éducateurs, formateurs, et les parents les plus efficaces, sont ceux qui réussissent à se représenter et à représenter aux autres, les circonstances de la vie de manière positive, et cela malgré la présence des signes extérieurs apparemment décourageants.

Ils se maintiennent ainsi dans un état de disponibilité qui leur permet de continuer à agir jusqu'au succès.

Donc, nous devons savoir ou nous allons, nous agissons et nous tirons les renseignements de nos succès, si notre action ne marche pas, nous essayons autre chose jusqu'à la réussite.

Il n'existe rien de plus puissant qu'un état dynamisant.

Le type de conduite que nous adoptons, résulte de l'état dans lequel nous nous trouvons.et notre manière de réagir à cet état dépend de nos conceptions du monde, c'est-à-dire des stratégies neurologiques que nous avons emmagasinées.

Apprendre à découvrir comment mobiliser à la demande, en quelques minutes, nos ressources les plus utiles, nos stratégies de réussite.

La plupart des gens ne prennent guerre de mesures conscientes pour contrôler leurs états, ils se réveillent déprimés ou en forme.

Les événements heureux les remontent, les événements malheureux les abattent.

Ce qui distingue les individus, quelque soit leur domaine d'action, c'est la manière dont ils contrôlent leurs ressources.

Personne ne réussi tout le temps, mais certains ont la capacité de se mettre presque à volonté dans un état dynamisant.

Comment y arrivent-ils ? En mobilisant ce qu'ils ont de mieux au moment voulu, quand la pression s'exerçant sur eux est à son maximum.

La plupart des gens cherchent à transformer les états dans lesquels il

sont.ils veulent être heureux, joyeux, équilibrés.ils désirent avoir l'esprit en paix, ou se sortir d'états qui ne leurs plaisent pas, quand ils sont désemparés, en colère, bouleversés, ou quand ils s'ennuient, que font ils généralement ?

Ils allument un poste de télévision qui leur fournit des nouvelles représentations à intérioriser, ayant quelque chose à voir, l'occasion de rire, ils s'extraient de leur état de désarroi.

Les autres vont au restaurant, allument une cigarette, ou se droguent.

Dans le meilleur des cas, ils arrivent qu'ils fassent un exercice physique.

Le seul inconvénient de toutes ces démarches, c'est que leur effet n'est pas durable.

Quand l'émission de télévision est finie, ils ont toujours les mêmes représentations de leur vie, c'est un changement d'état temporaire.

Donc, il faut savoir comment modifier directement vos représentations internes et votre physiologie.

Devenir meilleur en communicant d'avantage et favoriser la tolérance, accepter la différance !!!!

Le détail qui change tout

Les événements qui se produisent dans notre vie mettent à l'épreuve l'ensemble de nos ressources.

Un moment ou l'existence parait injuste, un moment ou notre foi, nos valeurs, notre patience, notre compréhension, notre endurance sont poussées à leurs limites. Certains individus profitent de ces occasions pour devenir meilleurs, d'autres laissent ces expériences les détruire.

Nous avons besoin d'une prise de conscience de ce qui distingue les réactions des êtres humains devant les grandes épreuves.

Il y'a tant de personne sur terre qui mènent une vie heureuse malgré d'innombrables difficultés, pendant que d'autres, qui semble tout avoir, ne connaissent que le désespoir, la colère et l'abattement.

Il y'a des gens qui ont tout extérieurement, mais intérieurement, ils passent des années à tourner à vide. il y'a des individus qui ont connu un extraordinaire succès, et ont fini par se détruire.

Essayez de voir la différence entre ceux qui ont et ceux qui n'ont pas. Entre ceux qui peuvent et ceux qui ne peuvent pas.

Pourquoi certaines personnes réussissent à surmonter des difficultés inimaginables et font de leur vie un triomphe alors que d'autres douées de tant d'atouts, font de leur vie un désastre ?

Pourquoi certains individus acceptent toutes les expériences et les utilisent à leur profit, alors que les autres les retournent contre eux même ?

Quelle est la différence ? Quel est le détail qui change tout ? les gens qui raisonnent et qui se concentrent sur les détailles des choses peuvent donner une grande importance à cette question.

Ils y'a des gens qui grandissent dans des milieux ou les ressources économiques sont limitées, et ils savent que cette expérience suscite en eux beaucoup de frustration. Mais elle les a rendus infiniment curieux.

Il y'a des gens qui possédaient toutes sortes de richesses : physiques, sociales, affectives et professionnelles, mais pourquoi d'autres ne les possédaient pas ?

Ce que nous devons savoir c'est que : Ce n'est pas ce qui se passe qui compte, mais la façon dont nous nous le représentons et dont nous y réagissons.

Que faisons-nous quand il pleut un jour de pique nique ? Que faisons-nous quand ça va mal malgré tous nos efforts ?

Les gens qui réussissent ne rencontrent pas moins de problèmes que ceux qui échouent .Les seuls individus sans problèmes reposent dans les cimetières.

Ce n'est donc pas ce qui nous arrive qui distingue nos réussites de nos échecs, c'est la façon dont nous le percevons et dont nous réagissons à ce qui « arrive » qui change tout.

Pendant l'été, à la plage, une vague méchante arriva et submergea deux enfant avec une force incroyable, tout le monde sur la plage observa l'incident avec inquiétude. Les deux enfants firent surface et regagnèrent la plage tant bien que mal. Le premier se mit à pleurer et à réclamer sa mère. L'autre se tourna vers les vagues et éclata de rire.

Qu'est ce qu'il y avait de différent entre eux ? Tous deux avaient vécu la même expérience et déployé les mêmes ressources physiques pour y faire face. Mais chacun décida de se représenter l'événement d'une certaine façon.

Ce qui distingue les gens, c'est la manière dont ils se représentent leur expérience, la manière dont ils choisissent de communiquer avec eux même. Voila ce qui différencie ceux qui réussissent de ceux qui échouent.

Celui qui choisit de se représenter les choses et les situations sous le meilleur jour possible, peut faire de sa vie un triomphe.

La manière dont les gens communiquent avec eux même, constitue le fil dont sont tissées toutes les réussites, on peut considérer chaque expérience comme un défit, comme un échec ou comme un point d'appui.

Ceux qui réussissent se font bousculer par une vague et en tire une leçon pour se faire porter par la suivante.ils bravent les frimas de l'hiver, parce qu'ils savent que juste après vient le printemps.ils ont conscience que leurs actions déterminent le cours de leur existence et qu'en modifiant ces actions, à la fois mentales et physiques, ils peuvent transformer leur vie.

L'individu peut choisir d'interpréter les informations qu'il reçoit du monde extérieur de différentes façons, y voir une raison de souffrir, ou décider d'envoyer à son cerveau n'importe quel autre message.il constitue ainsi un ensemble des convictions et de valeurs qui fournirent une orientation à sa vie dans le sens du bénéfice et non de la tragédie. L'homme qui maitrise la façon de communiquer avec soi -même, peut réussir efficacement dans sa vie.

L'homme qui réussit écoute son corps qui lui transmettait des signaux qu'il avait dans le passé interprétés comme une limite, une douleur, une fatigue, il leur donnait une signification nouvelle, et poursuivait la communication avec son système nerveux d'une façon qui lui permettait de continuer à accumuler des réussites.

Le type de comportement que nous adoptons résulte de l'état neurophysiologique dans lequel nous sommes.cet état peut nous donner un grand pouvoir ou nous mutiler, mais c'est nous qui le créons, et non l'environnement extérieur.les deux enfants qui étaient renversés par la même vague, l'un s'est senti démoralisé, l'autre galvanisé. Est-ce la vague qui les a mis dans cet état ?non. si cela avait été le cas, ils auraient réagi de la même façon. Ce qui a compté, ce n'est pas la vague, mais la représentation qu'ils s'en sont faits et l'état intérieur que cette représentation a produit. Donc, ils ont produit eux-mêmes l'effet qu'ils ont ressenti. L'environnement a servi de stimulus, mais c'est la manière dont ils se sont représenté ce stimulus qui en a déterminé le sens, bon ou mauvais, une leçon à tirer, une occasion de pleurer, de rire ou de s'enthousiasmer.

La principale distinction entre les gens réside dans le choix de la perception des événements. Le détail qui change tout, c'est la façon dont les gens choisissent de réagir par rapport à ce qu'ils voient, entendent et ressentent.

La communication avec soi
Comment communiquons-nous avec nous même ?

L a communication s'établit grâce à la manipulation d'une partie de notre système nerveux. C'est principalement à travers les images que nous formons dans notre esprit, ce que nous nous disons à nous-mêmes, notre façon de nous tenir ,de respirer et de faire jouer nos muscles que nous donnons un sens à ce que nous éprouvons .

Nous devons apprendre à transformer la manière dont nous utilisons notre esprit et notre corps, et de jouer du même coup sur nos sensations et notre comportement. Ces transformations peuvent s'opérer rapidement et sans douleur, même si les types de sensations et de comportements que nous souhaitons modifier sont devenus des habitudes.

CHAPITRE 2

L'abondance extérieure et la punirie intérieur

Beaucoup de gens passent leur temps à se dire : « ah !,si je pouvais changer les conditions matérielles de ma vie, ah ! ,si j'avais plus d'argent et plus de temps, ah, si j'avais une plus belle maison et plus d'amis….je serais plus heureux.»,au contraire, l'abondance de biens ne garantit pas un sentiment de bonheur ni

de réussite personnelle.il y'a des gens
dans le monde dont la fortune se calcule
en centaines de millions de dollars, mais
ils sont entourés des gens qui s'occupent
d'eux.

Malgré les signes extérieurs de leur
réussite, ces gens étaient malheureux ou
totalement déprimés, se trouvant isolés,
ils s'adonnent souvent à l'alcool ou à la
drogue afin de modifier leurs
pérceptions.ils découvraient toutefois
que ce changement n'était que
temporaire, car, quand l'effet de la drogue
s'estompait, ils se trouvaient avec la
même stratégie de perception, et leur
mode de communication avec eux même
recréait les sensations qu'ils avaient
essayé d'éliminer à l'aide de la drogue.

Ils n'étaient pas conscients que les changements durables s'opèrent en adoptant des modes de communication de l'intérieur, des schémas qui apportent la joie et l'amour sans action biochimique.

Ils y'a des milliers des exemples de modèles de vies dans le monde qui montrent clairement combien on a tort de croire que l'abondance extérieur fournit un remède à la punirie intérieure.

Si vous vous surprenez entrain de vous dire : « je serais heureux si et seulement si …. », arrêtez et rappelez vous que le bonheur, la joie et le plaisir sont des sensations que l'on crée en communiquant avec soi même. Ils ne dépendent pas de l'environnement.et vous pouvez les créer immédiatement en modifiant la façon dont vous utilisez votre système nerveux.

On ne peut pas dire qu'il est bon de vivre dans la misère, parce qu'on a le pouvoir de percevoir les choses de la manière que l'on choisit. On ne peut pas dire qu'il ne peut y avoir que des moments de bonheur ou l'on aime tout ce qui nous arrive, mais on peut dire que toute émotion est importante dans son contexte.la vie est un équilibre. L'expérience de l'abondance à tous les niveaux, »affectifs, spirituel, physique et matériel » est un défi passionnant à relever. Vous avez le choix de vos sensations et de votre action dans toutes les situations.il n'existe pas de limites dans le choix de nos perceptions, à l'exception de celles que nous nous imposons.

Il existe un moyen simple de réussir qui consiste à observer les états et les représentations internes qui conduisent au succès et à apprendre à les reproduire.si un état particulier produit tel effet sur quelqu'un, il y'a de fortes chances pour qu'il produise le même effet sur nous.

Nous devons comprendre que le langage verbal et non verbal affecte le système nerveux. Toute action dépend de notre capacité à diriger notre système nerveux.

Les gens qui produisent des effets remarquables sont ceux qui réussissent à établir des communications particulières avec et à travers leurs système nerveux.

Les individus ont des différentes façons pour se communiquer avec eux-mêmes afin de provoquer les états les plus féconds, et d'offrir ainsi le plus grand choix de comportement possible. L'homme le plus maitrisable est celui qui a la capacité de fournir un cadre systématique permettant de diriger son propre cerveau, de contrôler non seulement ses états et ses comportements, mais aussi les états et les comportements des autres.

Nous avons tous le même système neurologique. Si quelqu'un dans le monde a réussi à faire une chose, nous devons pouvoir en faire autant, à condition d'utiliser notre système nerveux exactement de la même manière. Ce qui est possible au autres, est possible à nous aussi.il ne s'agit donc pas de savoir si vous réussissez à obtenir les mêmes résultats que les autres, mais de vous demander comment ils y sont parvenus. C'est une simple question de stratégie.

Si quelqu'un que vous connaissez communique parfaitement avec ses enfants, vous pouvez en faire autant. Si quelqu'un se réveille facilement le matin, vous pouvez le faire aussi. Il vous suffit dans chaque cas, de copier la façon dont les autres contrôlent leur système nerveux, il est évident que certaines taches sont plus compliquées que d'autres, et demandent parfois plus de temps à intégrer, puis à reproduire. Si vous êtes suffisamment motivé et si votre conviction continue à vous soutenir tout le temps que durera votre adaptation, presque tout ce que fait un être humain peut être imité. Dans de nombreux cas, il arrive qu'une personne ait passé des années à tâtonner pour trouver le moyen spécifique d'utiliser son corps ou son esprit afin d'obtenir tel ou tel résultat.

Il existe trois mécanismes fondamentaux qui permettent de reproduire n'importe quelle forme de réussite humaine.il s'agit en fait de trois types d'actions physiques et mentales qui correspondent à la qualité des résultats que nous obtenons, imaginez les sous la forme de trois portes ouvrant sur une salle.

La première porte représente le système de croyance de l'individu en question. Ce à quoi il croit, ce qu'il estime possible et impossible détermine en effet, ce qu'il est capable ou incapable de faire.

Quand on croit qu'on n'est pas capable de faire quelque chose, on envoie à son système nerveux des messages systématiques qui limitent ou suppriment notre capacité d'atteindre ce résultat.si au contraire, on envoie des messages indiquant qu'on peut le faire, ces messages, en ordonnant au cerveau de produire certains résultats, créent la possibilité qu'ils se produisent.

Si vous réussissez à imiter l'ensemble des convictions d'un individu, vous avez franchi le premier pas vers l'imitation de son action et la production des résultats identiques.

La deuxième porte représente la syntaxe mentale de l'individu.il s'agit de la manière dont il organise sa pensée.la syntaxe est comme un code. Un numéro de téléphone est composé de huit chiffres, mais vous devez les composer dans le bon ordre pour obtenir votre correspondant.

Il en va de même lorsque vous désirez atteindre la partie de votre système nerveux qui vous aidera le plus efficacement à obtenir le résultat voulu. Même chose pour la communication.

Souvent, les gens ne communiquent pas bien parce qu'ils utilisent des syntaxes mentales, des codes différents.

Décryptez les codes et vous aurez franchi la deuxième porte qui conduit vers l'imitation de ce qu'il y'a de meilleur chez les autres.

La troisième porte est la physiologie. Le corps et l'esprit sont entièrement liés.

Votre façon de respirer, de vous tenir, votre posture, votre expression, la nature et la qualité de vos mouvement déterminent l'état dans lequel vous êtes. De même, cet état détermine le nombre et la qualité des comportements que vous êtes en mesure d'adopter.

Pas besoin d'être intelligent pour gagner beaucoup d'argent

Nous vivons dans une civilisation qui est suffisamment uniforme pour que ce qui fonctionne quelque part, fonctionne aussi ailleurs.

Pour gagner beaucoup d'argent, vous n'avez même pas besoin d'être particulièrement intelligent. Beaucoup de personnes se contentent de trouver une affaire qui marche et de monter la même ailleurs avant que le temps de décalage ne soit écoulé.la seule chose à faire consiste à adopter une solution qui a fait ses preuves et à la reproduire. Pour ceux qui agissent ainsi, le succès est presque garanti.

Changer sa vie
Ne pas attirer à vous ce que vous ne voulez pas.

Ne pas passer votre vie à rejouer certain scénario ou vous répétez le même comportement.

Prenez conscience de vos attitudes mentales inconscientes qui constituent des freins au changement.

Lorsqu'on éprouve la nécessité de changement dans notre vie, lorsqu'on ressent le désir d'exprimer des potentialités enfouies au plus profond de nous, il est primordial de commencer par comprendre quelle influence, consciente ou inconsciente, nous exerçons sur chaque journée de notre vie.

Il est préférable d'aborder la question avec un esprit ouvert et bienveillant, dénué de tout jugement contre soi même. C'est cela qui nous permettra de connaitre le pouvoir véritable dont nous disposons dans chaque situation. On a souvent tendance à focaliser son attention sur les événements, or plus que les faits eux-mêmes, ce qui importe est la façon de les qualifier (positif ou négatif), car cela oriente notre perception et la manière dont on les vit. Là réside tout notre pouvoir qui est immense.

Une situation peut nous sembler bloquée, nous faire souffrir, nous empêcher d'avancer, mais il suffit de décentrer son regard, de prendre des champs pour cesser de s'identifier à la souffrance.

Une nouvelle vie commence par un nouvel état d'esprit. C'est cette manière différente de percevoir la réalité, ce regard renouvelé sur notre existence, qui va initier une dynamique dans laquelle on devient acteur de sa propre existence.

L'énergie de nos pensées

La physique qui étudie le monde de l'infiniment petit, des atomes et des particules élémentaires, nous montre que tout, dans la matière, est vibration et énergie. Nous pouvons considérer que, à l'image de toute matière, chacun de nous est fait de vibrations pures, notre corps, nos émotions, nos pensées et les mots que nous utilisons sont des fréquences.

Nous les émettons souvent involontairement, alors que leur force peut affecter notre état d'être et peut agir aussi sur le monde extérieur.

Par exemple, la maladie peut dans cette logique être envisagée comme une vibration disharmonieuse, susceptible d'être en partie transformée grâce à une modification de l'influence mentale et émotionnelle. L'énergie ne disparait pas, mais elle est en transformation constante. Nous pouvons devenir aptes à la changer nous-mêmes.

Nos pensées émettent des fréquences, mais les émotions et les sentiments que nous éprouvons envoient également une énergie particulièrement attractive autour de nous.

La question est donc : quelle est la nature de cette énergie que l'on émet ? la réponse à cette question se manifeste en chaque instant de notre vie : nous n'avons plus prise sur notre passé, mais nous avons plein pouvoir sur notre présent.

Le présent résulte entièrement de ce que nous faisons de notre énergie. Bien en contact avec nous même, nous pouvons ressentir la nature de ces vibrations qui se traduisent en chaque instant par des sensations dans notre corps. Notre sensibilité et notre attention peuvent nous en faire prendre conscience.

Peut être avez-vous déjà remarqué qu'en présence de certaines personnes, vous vous sentez dynamisés, d'humeur légère. A l'inverse, avec d'autres, vous vous sentez alourdis, pompés. Il est possible que ces personnes aient été dans un état d'esprit vibratoire, négatif ou qui révèle vos propres zones d'ombre. Vous dégagez une certaine énergie, tout autant que ceux qui vous entourent.

Or, nous avons tendance à attirer les personnes et les situations en résonnance avec notre propre énergie.

L'observation de ce qui nous entoure peut donc nous donner de précieux renseignements sur nous même : homme, femme et événements de notre vie font d'une manière ou d'un autre écho à ce que l'on porte en soi.

De la même manière, les matins ou vous vous levez de mauvaise humeur tout semble aller de travers. Vous brulez vos tartines, vos enfants vous agacent, vous

vous retrouvez coincé dans des embouteillages, un dossier que vous pensiez boucler, vous est retourné, vos collègues vous font des remarques…..comme si la vie, ce jour là, conspirait contre vous ! à d'autres moments, quand au contraire vous vous sentez bien, votre vie s'orchestre à merveille, vous rencontrez les bonnes personnes au bon moment.

La raison de cette dynamique est simple : partout ou nous allons, nous déposons un peu de notre énergie. En avoir conscience nous permet de choisir celle que nous souhaitons laisser dans notre sillage …

Au fur et à mesure que vous avancez dans l'expérimentation et la mise en pratique des pistes, vous verrez combien la nature de vos pensées influe sur votre réalité.

Vous prendrez alors conscience que ce que vous vivez dépend réellement de vous et de la coloration que vous apportez à vos expériences, de l'intention dont vous les chargez. Pour cela, vous allez apprendre pas à pas à utiliser votre cerveau d'une autre manière, en le guidant vers un mode de raisonnement tourné vers plus d'objectivité face à vous-même et à la vie, afin d'atteindre l'optimisme. Vous constatez à quel point porter un regard optimiste et positif sur la vie permet en effet de voir s'y concrétiser le meilleur !

Modifier votre énergie et la rendre positive

Le premier pas vers le changement d'énergie intérieure consiste à devenir attentif aux mots que vous employez, pour bien comprendre comment ils peuvent changer votre état d'être.

Ex : pensez au mot « souffrance », faites le vide en vous, ressentez vous un instant et portez toute votre attention sur ce mot »souffrance », observez ce qui se passe en vous.

Puis pensez au mot « joie », de même faites le vide en vous pour vous recentrez, puis portez toute votre attention sur le mot « joie », que ressentez vous à présent ?

Evoquez en vous la « joie » est plus agréable qu'évoquer « la souffrance », pourtant ce ne sont que des mots, et vous êtes contentés de les penser, mais le fait de les amener à votre conscience a modifié quelque chose en vous-même si votre réalité de cet instant ne semble pas encore changée sur le plan matériel.

Chaque mot est chargé d'une vibration et d'une empreinte particulière, que notre histoire personnelle renforce. C'est en mesurant l'impact de notre langage que nous pouvons devenir plus libres de choisir les mots en résonnance avec ce que l'on attend de la vie !

Nous émettons des vibrations négatives et positives. Ce que nous rencontrons dans la vie est en correspondance avec cette fréquence. Nous sommes plus puissants qu'on ne l'imagine.

Nos intentions ont du pouvoir

Notre vibration intérieure est donc liée aux intentions que nous émettons. Celles-ci génèrent une énergie et, à force d'être répétées en nous, elles finissent par produire des faits et des coïncidences.

Nos intentions déterminent non seulement notre état d'être, mais aussi notre réalité extérieure. A ces moments particuliers ou surgit quelque chose profondément lié à ce que vous portez en vous, vous pouvez même avoir l'impression que c'à quoi vous pensez arrive.

Pourquoi cela ne se produit il pas tout le temps ? Pourquoi arrive- t-il qu'une intention reste sans réponse ?

Il faut comprendre que le pouvoir de l'intention ne peut plus fonctionner de manière positive lorsque nous nous éloignons de cette partie la plus profonde de l'esprit que l'on peut nommer le Moi supérieur ou le Soi.

Dans certaines circonstances, nous nous rapprochons de ce que l'on appelle le petit moi ou égo, qui a tendance à critiquer, à ne pas être satisfait de ce qui est, qui projette en permanence ses responsabilité sur l'extérieur.

En nous détournant de notre image constructive, nous n'avons plus l'unité nécessaire à la production des fameuses coïncidences. Si l'on demeure prisonnier de l'égo qui projette ses peurs et ses conditionnements, nous vivons dans un sentiment de séparation, nous sommes coupés du lien avec notre esprit dont la voie ne se perçoit que dans le silence du cœur.

C'est notre esprit qui perçoit le monde de manière globale, lui qui guide notre intuition, laquelle nous permet de faire les choix justes. Cette écoute attentive du soi nous permet d'être pleinement reliés à chaque circonstance de notre vie.

Prendre conscience des différentes facettes, des multiples dimensions de notre personnalité(le Soi et sa vision globale, l'égo et sa perception limitée de la réalité) permet d'élargir notre perception et de nous recentrer sur notre responsabilité. Notre pouvoir réside dans la manière dont nous réagissons aux événements, mais aussi dans le choix des intentions profondes que nous faisons raisonner en nous.

En verbalisant consciemment une intention, en la nourrissant jour après jour de nos sentiments mais aussi de nos actes, nous pouvons à nouveau plonger dans cette unité féconde qui attire à nous ce que l'on souhaite profondément, quand cela est juste pour nous.

Qu'est ce que l'intention ? C'est une phrase, une commande ferme que l'on formule dans notre tète ou à haute voix. Elle nous donne la possibilité de programmer de nouvelles situations que nous aimerions voir se produire.

Pourquoi certaines intentions que l'on émet se concrétisent et d'autres pas ?

Apprenez à formuler votre intention
Pour être efficace et réellement fertile, la phrase qui exprime votre intention doit respecter certaines consignes de construction.

1/ formuler votre phrase au présent comme si c'était déjà réalisée

2/ commencer votre phrase par « je », afin de vous impliquer totalement

3/ n'incluez aucune autre personne en la nommant dans votre phrase, ceci afin d'éviter d'exercer un pouvoir quelconque sur l'autre.

4/ choisissez une intention qui fasse partie de votre champ des possibles.

5/ exprimez cette intention fermement et à voix haute chaque jour, à plusieurs reprise devant la glace en vous regardant dans les yeux. Vous mobilisez ainsi votre force de conviction et votre volonté qui nourriront votre intention

6/ accompagnez votre intention d'actions concrètes dans la réalité, allant dans le même sens.

7/ observez si vous ressentez bien de la joie à la simple évocation de cette phrase.

La boule au fond de la gorge

Vos sensations corporelles peuvent être un bon guide pour repérer ce moment précis ou votre perception agit comme un stimulus, et vous fait tomber dans une forme de négativité. Votre souffle devient il court ? Êtes-vous soudain envahi d'une vague de chaleur ? Avez-vous une boule au fond de la gorge ou au creux du ventre ? Frissonnez-vous à la racine des cheveux ?

Quelque soit votre sensation, concentrez vous dessus à la manière d'un scientifique qui regardait une expérience se dérouler devant lui. Ne vous identifiez pas à la sensation : N'oubliez pas qu'elle survient en même temps que l'émotion, donc s'identifiez à l'une ou à l'autre, c'est se laisser submerger par les deux. Mais ne vous juger pas, et ne nier pas non plus la sensation, car chercher à vous persuader que vous n'avez pas peur, alors que vous êtes terrifié, ne ferait que refouler le processus dans les profondeurs de l'inconscient.

Sans jugement, contentez vous d'observer la sensation, et si celle-ci vous déborde, vous pouvez rentrer dans une respiration plus ample et plus calme pour accentuer votre détachement. Vous constaterez que cet état de témoin vous permet de donner moins de prise à la négativité. Vous restez au contact de votre nature véritable, celle qui vous donne accès à toutes vos ressources. Au fil du temps, vous constaterez même que vous avez la possibilité de retourner les situations qui semblaient mal engagées.

Apprendre a à créer consciemment votre état d'esprit, à créer un état altéré de la conscience, une sorte d'autorégulation de l'attention.

Cela permet de prendre conscience de sa propre existence, de sa pleine présence, dans l'instant, inspiration après expiration, moment après moment. Une détente et une fluidité s'accompagnent d'une modification des ondes produite par le cerveau .l'activité cérébrale devient plus propice au développement de la créativité.

Apprendre à observer ce qui se passe en soi, c'est en effet devenir plus lucide, c'est accroitre sa force intérieur, c'est gagner la confiance en soi même et en la vie. C'est comprendre que contrairement à ce que l'on croit parfois, la vie n'a rien contre nous, bien au contraire......elle réserve le meilleur à chacun d'entre nous, pour peu que nous le voulions profondément. Mais faut il pouvoir voir et saisir ce meilleur quand il passe à notre portée...c'est là qu'intervient le pouvoir de notre intention, émise avec positivité.

La souffrance appartient rarement à ce que vous vivez dans l'instant présent. Elle est une accumulation d'émotions du passé.

Décidez de ne plus être manipuler par elle, soyez le plus souvent possible témoin de vos sensations et votre vie va changer.

La force du changement

L'être humain est fait de paradoxes et de contradiction : il voudrait tout à la fois, une chose et son contraire. Changer ,mais surtout ne rien perdre de ce qu'on a déjà...s'installer à deux et continuer de vivre comme un célibataire....changer d'orientation professionnelle et garder la sécurité de son CDI actuel... fonder une famille et continuer de vivre comme un couple sans enfants.... Laisser ses enfants devenir des hommes et des femmes libres mais, qu'ils ne nous quittent jamais ....

Nous voulons bien changer mais à condition de conserver confort matériel, tranquillité d'esprit, habitudes, position sociale.... Or, en nous agrippant ainsi aux choses du passé, nous empêchons l'énergie de changement de s'installer dans nos vies.

S'attacher à tout ce que l'on a déjà mis en place dans sa vie, c'est bien sur retenir ce qui est bon pour nous, mais c'est aussi s'empêcher d'être libéré de ce qui ne nous convient plus !

Notre éducation et notre culture nous ont encouragés à ce sens ; par esprit de contrôle, par habitude, par instinct de conservation et par peur, nous avons tendance à croire que tout nous appartient, jusqu'a lutter pour ne rien perdre.

Changer c'est grandir

Un sentiment d'insécurité est naturellement présent en l'être humain qui renvoie à son angoisse fondamentale de la mort. Comme s'il sentait profondément que tout risque de lui échapper un jour ou l'autre. Nous dépensons toute notre énergie à résister au mouvement de la vie. Pourtant même si nous refusons l'idée de changement car elle nous déstabilise, nous y serons tout de même confrontés par nécessité.

C'est la vie elle-même qui, par nature, pousse au mouvement permanent, à l'adaptation face à l'imprévu. Un jour ou l'autre, la vie nous oblige à entrer dans cette vague de la transformation.

Le changement c'est un signe de l'évolution : seul stagne ce qui demeure immobile..

Cette nécessité du mouvement et de l'novation avec sa propre vie se vérifie encore plus dans le monde dans lequel nous vivons aujourd'hui. Tout change très vite et on a le sentiment de ne pouvoir compter sur aucun acquis d'hier.

Comme si nous n'avions pas d'autres choix que de concentrer toute notre attention sur l'instant présent. C'est en effet dans le présent que l'on trouve la créativité indispensable à l'adaptation. Ainsi nous sommes de plus en plus nombreux à nous rendre compte que notre existence nous ne correspond plus sur le plan professionnel, social, amical, amoureux ...

Chaque sphère de notre vie peut se trouver concernée par le magnétisme de cette prise de conscience, dans laquelle nous repérons un réel décalage entre ce que l'on souhaite profondément vivre et notre réalité quotidienne.

Au départ une telle prise de conscience peut frustrer, rendre morose voire fataliste. Mais on peut choir de s'abandonner au mouvement et avec un peu d'entrainement, parvenir à anticiper le changement. Il s'agit de se préparer intérieurement, de mobiliser les ressources nécessaires pour effectuer le passage.

Cet état d'esprit est naturel chez certains, mais la plupart d'entre nous doivent effectuer un travail personnel afin de parveniez à embrasser l'impermanence de la vie, afin d'accueillir la nouveauté avec le sourire. Rentrer dans cette disposition face à la vie, c'est se laisser guider par les rencontres et les coïncidences. On peut alors parler de magie de l'existence !

CHAPITRE 3

La puissance de l'émotion

On ne peut pas parler de l'individu sans parler des émotions, qui constitue une dimension très importante de sa personnalité.

Les psychologues avaient constaté que : « chacun sait ce qu'est une émotion, jusqu'à ce qu'on lui demande de la définir. Là, plus personne ne le sait ». Selon l'acceptation que nous donnerons ici au terme, une émotion est une expérience ressentie. On éprouve une émotion, on ne la pense pas. si quelqu'un fait ou dit quelque chose qui revêt pour vous un sens personnel, vos émotions surgissent, généralement accompagnées de pensées associées, de changements physiologiques et d'une volonté d'agir.

Si un jeune collègue vous recommande de prendre des notes pendant la réunion, vous risquez de ressentir de la colère et de penser : comment peut-il, lui, prétendre me dire ce que je dois faire ?

Votre corps réagit alors par un accroissement de la pression sanguine, et l'envie vous prend de remettre l'impertinent à sa place.

Il y a les émotions positives et les émotions négatives. Les premières procurent un sentiment d'élévation. Qu'il s'agisse de la fierté, de l'espoir ou du soulagement, une émotion positive est plaisant.

Une émotion positive nous permet de créer des liens, et de teinter les relations de bonne volonté et de compréhension, nous permet de donner l'impression qu'on est en phase.

A l'inverse, la colère, la frustration et les autres émotions négatives sont pénibles et ne permettent pas de créer des liens.

Les émotions négatives sont des freins

Nul n'échappe à la réalité des émotions, elles peuvent réduire à néant tout espoir d'arrangement raisonnable. Transformer une relation amicale en interminable querelle dont personne ne sortira indemne. Ou empêcher tout règlement équitable. Mais qu'est ce qui leur donne une telle capacité de nuisance ?

Elles détournent notre attention des questions de fond. Dès que l'un des interlocuteurs se fâche, chacun se trouve assailli par ses émotions.il faut donc soit quitter la pièce, soit présenter des excuses, soit resté assis à fulminer en silence. L'attention est détournée de la recherche d'un accord satisfaisant vers l'organisation d'une défense ou d'une attaque.

Elles peuvent nuire à une relation, donner libre cours à l'motion est tout à fait souhaitable lorsqu'il est question d'amour.

Une émotion trop forte peut assombrir la réflexion, et faire courir le risque d'endommager sa relation à l'autre.

Sous l'emprise de la colère, on interrompt le commentaire d'un collègue au moment précis ou il allait en venir à proposer un arrangement acceptable pour les deux parties. Et lui, par ressentiment, gardera le silence la prochaine fois qu'on aura besoin de lui.

Elles peuvent servir à vous manipuler.si la proposition de votre interlocuteur vous fait tressaillir, ou si vous tournez autour du pot au moment de faire état de vos intérêts, ces manifestations livrent des indices concernant vos véritables préoccupations et points de vulnérabilité. Un observateur attentif pourra en déduire la valeur que vous accordez à telle proposition, à tel sujet ou à la relation que vous entretenez avec lui. Et exploiter cette information contre vous.

Les émotions positives sont un atout formidable

Bien qu'on les perçoive souvent comme un obstacle dans nos relations familiales, amicales et professionnelles, les émotions peuvent aussi constituer un atout formidable. Les émotions positives nous inspirent une solution originale répondant à l'intérêt de tous, améliorent notre relation ombrageuse et nous aide à atteindre nos objectifs.

Les émotions positives participent à la satisfaction des intérêts de fond défendus par les deux interlocuteurs, quand elles sont bien exprimées à l'interlocuteur, elles atténuent sa craint et sa méfiance, et vous font passer de la condition d'adversaires à celle de partenaires.

En œuvrant conjointement à la résolution de vos problèmes, chacun baisse un peu sa garde, et peut émettre de nouvelles idées sans craindre que l'autre ne les retourne contre lui.

Les émotions positives nous poussent à en faire plus. On est plus à l'écoute et mieux disposé à s'informer des intérêts de l'autre partie, ce qui est un grand pas vers l'obtention d'un accord mutuellement satisfaisant et sans doute plus durable.

Les émotions positives consolident les relations, elles peuvent vous procurer cette joie si particulière que l'on trouve dans les rapports d'individu à individu. On s'exprime alors ouvertement, sans avoir à craindre une attaque visant à nous disqualifier.

L'émotion positive permet d'installe une camaraderie qui agit comme un filet de sécurité. Elle permet de désapprouver l'autre ouvertement, tout en sachant qu'en cas de grande tension chacun sera encore là le lendemain pour chercher une solution.

Les émotions positives ne vous mettent pas nécessairement en position de vous faire exploiter. Elles peuvent participer à l'obtention d'un accord mutuellement satisfaisant, mais le danger demeure qu'elles nous incitent à faire des concessions inutiles ou à pêcher par excès de confiance. Pour répondre à pareil cas, il ne faut pas chercher à inhiber ces émotions, mais plutôt de les valider auprès de son cerveau et de son instinct avant de décider quoi que ce soit. Commencer par vérifier que l'accord réponde bien à vos intérêts.

Les émotions positives tendent à favoriser : une relation de coopération qui fonctionne, une communication ouverte à double sens, l'écoute et la compréhension des préoccupations et demandes de chacun, la création de nombreuse options répondant aux intérêts de chacun, le consentement, le soutient et la défense de l'accord atteint.

Les émotions négatives tendent à favoriser : une relation tendue, empreinte de méfiance, une communication limitée et basée sur la confrontation, l'ignorance des intérêts, un affrontement de volonté pour déterminer qui a raison et qui a tort, la peur de se faire avoir, le renoncement à un accord possible, le refus de tout accord ou des engagements peu clairs, le regret d'avoir conclu l'accord.

Apprendre à gérer vos émotions

Nous devons savoir que nos émotions nous influencent en bien ou en mal, mais comment peut on les gérer ?comment en récolter les bienfaits ?

S'interdire l'émotion est pratiquement impossible ! On ne peut s'empêcher de penser, on ne s'interdire d'éprouver des émotions. On ressent constamment un certain degré de bonheur ou de chagrin, d'enthousiasme ou de frustration, d'isolement ou d'implication, de douleur ou de plaisir. L'émotion n'a pas d'interrupteur.

Dans la plupart des cas, l'individu qui cherche à inhiber ses émotions ne fait que se compliquer la tache. L'émotion véhicule une grande quantité d'informations sur l'importance relative de nos préoccupations. Elle nous recentre sur ce qui nous tient personnellement à cœur, comme le respect ou la sécurité de l'emploi. Elle nous dit aussi ce qui compte le plus pour notre interlocuteur en fonction de l'entrain qu'il met à communiquer tel ou tel de ses intérêts. Au lieu de consacrer des journées à tenter de faire le tri parmi ses intérêts et ses priorités, l'écoute de ses émotions peut signifier une importante économie de temps et d'effort.

Ignorer l'émotion ne marche pas

Ignorer ses émotions est une démarche risquée.les émotions sont sans cesse présentes, et elles affectent notre vécu. On cherche souvent à les ignorer, mais elles ne nous ignoreront pas en retour. Peut être, nous n'avons que partiellement conscience de l'influence considérable qu'elles exercent sur notre corps, nos pensées et notre comportement.

Les émotions affectent le corps : Les émotions ont un effet direct sur notre physiologie, elles provoquent sudation, rougeurs, rire ou nœud dans l'estomac. A la suite d'une émotion, on cherche parfois à en maitriser l'expression. On retient un sourire d'excitation ou des larmes ou des larmes de déception. Mais le corps n'en subit pas moins les modifications physiologiques correspondantes. Et la suppression d'une émotion a un cout.

Qu'elle soit positive ou négative, l'émotion affecte notre corps, et cette tension interne peut distraire notre attention et rendre plus ardue notre concentration sur les questions de contenu ou de substance.

Les émotions affectent l'esprit : sous le cout de la déception ou de la colère, notre esprit s'encombre de pensée négative .on s'en prend à soi même ou aux autres. Ces pensées négatives occupent un espace du cerveau qui pourrait servir à apprendre, à réfléchir ou à se souvenir.

En présence d'émotions positives, notre pensée se focalise généralement sur les bons aspects de soi, des autres et des idées en présence. Aussitôt qu'il n'y a plus à craindre de voir exploitée notre pensée contre nous, celle-ci se fait plus ouverte, plus créative et plus souple. On se dispose à dégager des options plausibles plutôt qu'à rejeter toute idée qui se présente.

L'émotion affecte le comportement : dans leur quasi-totalité, les émotions qu'on éprouve nous incitent à agir .les tempéraments exubérants seront physiquement tentés de prendre leur interlocuteur dans les bras. Ou alors, en cas de colère, de le frapper.

Le plus souvent, on parvient à s'empêcher de commettre l'irréparable. Il demeure que, sous le coup d'une émotion intense, la réflexion perd de son acuité, et qu'on se sent quelque peu submergé.

Notre aptitude à l'autocensure ou à l'appréciation des conséquences d'un éventuel passage à l'acte se réduit. Et l'on en arrive à commettre ou à prononcer des choses que l'on regrettera.

Les préoccupations centrales de l'individu

Au lieu de vous laisser happer par les émotions qui s'emparent de votre esprit ou de celui des autres, focalisez-vous sur ce qui les engendre.

On appelle préoccupations centrales les exigences communes à toute personne impliquée dans un processus de négociation, quel qu'il soit. Ce sont nos intérêt plus tangibles.les multiples formes d'influence qu'elles exercent sur la décision finales échappent parfois à la plupart des gens.

La maitrise des préoccupations centrales constitue un excellent moyen d'exploiter nos émotions sans les laisser prendre le dessus.

Cinq préoccupations centrales sont à l'origine de beaucoup d'émotions : la plupart des émotions qui surgissent lors d'une négociation sont engendrées, pour le meilleur ou pour le pire, par cinq préoccupations fondamentales qui sont l'appréciation (ou la reconnaissance), l'affiliation (ou l'appartenance), l'autonomie, le statut et le rôle.

En accordant à ces préoccupations l'attention qu'elles méritent, vous favoriserez l'émergence d'émotions positives aussi bien en vous que chez les autres .puisqu'elles sont communes à tous, il est possible de les exploiter très tôt dans le processus de négociation, parfois même dès la première rencontre. On récolte alors les bienfaits des émotions positives sans qu'il ait été nécessaire d'observer, d'identifier et de diagnostiquer les innombrables états d'âme fluctuants .

D'autres préoccupations telles que la fain, la soif, la privation de sommeil ou la douleur physique, peuvent déclencher des émotions puissantes, mais les préoccupations centrales sont d'ordre strictement relationnel. Chaque préoccupation centrale influence la perception que vous avez de vous-même par rapport aux autres et vice versa.

Les cinq préoccupations centrales :

L'appréciation : La préoccupation est ignorée quand vos idées, sentiments ou actes sont dévalorisés. Elle est satisfaite quand le mérite de vos idées, sentiments ou actes est reconnu.

Affiliation : la préoccupation est ignorée quand on vous traite en adversaire en vous tenant à distance. Elle est satisfaite quand on vous traite en partenaire.

Autonomie : la préoccupation est ignorée quand on empiète sur votre liberté de décision. Elle est satisfaite quand les autres respectent votre liberté de décision pour les questions importantes.

Statut : la préoccupation est ignorée quand votre statut est jugé inferieur à celui des autres .elle est satisfaite quand votre statut reçoit la reconnaissance qu'il mérite.

Rôle : la préoccupation est ignorée quand votre rôle et les activités qui le constituent ne sont pas enrichissants sur le plan personnel. Elle est satisfaite quand vous avez-vous-même défini votre rôle et les activités afférentes de façon à les rendre enrichissants.

Voir ces préoccupations ignorées ou satisfaites peut s'avérer déterminant que d'avoir le nez au dessus ou au dessous du niveau de l'eau.

si vous vous sentez non reconnu et exclu, vous risquez d'avoir l'impression de vous noyer, d'être seul, ignoré des autres et de manquer d'air.

Vos émotions sont en action, et elles vous prédisposent à une attitude de confrontation .à l'inverse, lorsque vous vous sentez apprécié ou intégré (affilié), vous respirez sans peine jouissez d'une bonne visibilité alentour, et vous vous sentez localement libre de décider ce qu'il faut faire et quelle direction suivre. C'est comme nager la tête hors de l'eau. Vos émotions positives vous accompagnent, et cela vous prédispose à la coopération la pensée créative et à la confiance des autres.

Ignorer les préoccupations centrales est un risque

Mes préoccupations centrales sont insatisfaites lorsque je suis mal apprécié, on me traite en adversaire, on empiète sur mon autonomie, on dévalorise mon statut, mon rôle est banalisé et restreint.

Les émotions qui en résultent peuvent m'amener à me sentir : en colère, enragé, furieux, indigné, irrité ,dérangé, haineux, malveillant, impatient, anxieux ,en proie au regret, en proie à la peur, nerveux, mal à l'aise, inquiet, envieux et jaloux, dégouté rebuté, malade, plein de rancœur, méprisant, coupable et honteux, en proie au remords, humilié, embarrassé, triste ,angoissé, désespéré, morose, abattu, apathique .

Lorsque cela se produit, je suis prédisposé à réagir de façon négative, contraire à mon intérêt. A penser de façon rigide, à agir de façon trompeuse et passer pour indigne de confiance.

Respecter les préoccupations centrales est un gain

Mes préoccupations centrales sont satisfaites lorsque :

Je suis apprécié, on me traite en collègue, ma liberté de décision est respectée, mon statut est reconnu à sa juste valeur, mon rôle est enrichissant (il comporte des activités pour lesquelles je suis sur de mes capacités).

Les émotions qui en résultent peuvent m'amener à me sentir :

Enthousiaste , joyeux , enjoué, amusé, en extase, heureux ,content, ravi, jovial, réconforté, réjoui, plein d'espoir, affectueux, fervent, attentionné, compatissant, fier, accompli, courageux, calme, soulagé détendu .

Lorsque cela ce produit, je suis prédisposé : à coopérer, travailler ensemble, à me montrer créatif, à me montrer digne de confiance.

Les effets de nos préoccupations centrales

Les préoccupations centrales tirent toute leur force du fait qu'elle peuvent servir aussi bien de loupe grossissante aidant à mieux observer le paysage émotionnel de chaque partie que de levier stimulant les émotions positives en soi et chez les autres .

Mieux voir la situation pour mieux la comprendre

On peut utiliser les préoccupations centrales comme une loupe, pour préparer, conduire, ou analyser la dimension émotionnelle dans une situation relationnelle.

Préparer le sujet de discutions : on peut considérer les préoccupations centrales comme une liste de zones sensibles à surveiller aussi bien en soi que chez les autres.

Qu'est ce qui dans ce que vous direz ou ne direz pas au sujet de leur statut, risque de les heurter ?

Votre interlocuteur prendre t il comme une atteinte à son autonomie le fait que vous avez refusez sa proposition ?

Votre sentiment d'affiliation n'a-t-il pas souffert quand votre équipe est partie déjeuner sans vous convier ?

Conduire la communication : l'observation de la préoccupation centrale permet parfois de comprendre ce qui motive le comportement d'autrui. Il arrive parfois qu'une personne ressente un manque de reconnaissance pour les nombreuses semaines qu'il a consacrées à rechercher le soutien. Prendre conscience de ce sentiment permet de modeler ses actes en conséquence.

La conscience de vos propres préoccupations centrales peut aussi désamorcer une bonne partie des émotions explosives qui s'accumulent.

Si certains propos de votre interlocuteur vous heurtent, mieux vaut savoir rester maitre de votre comportement .plutôt que de répondre à l'attaque ressentie, respirez profondément et demandez vous laquelle de vos préoccupations centrales a été ébranlée.

Votre interlocuteur est il entrain d'empiéter sur votre autonomie ? De rabaisser votre statut ?

Dresser le bilan de la communication : en faisant le bilan d'une rencontre , l'bservation des préoccupation centrales permet de mieux comprendre ce qui s'est produit sur le plan émotionnel .

Si les débats ont tourné court parce que votre interlocuteur vous a quitté en claquant la porte , prenez le temps d'un passage en revu des préoccupations centrales pour y déceler ce qui a provoqué sa colère . cela vous permettra de remédier à la situation ou de l'empêcher de ce reproduire.

Inversement, lorsqu'une réunion s'est particulièrement bien déroulée, c'est souvent dans les préoccupations centrales qu'on décèle ce qui a fonctionné. Et vous pouvez en tirer une liste de vos propres comportements positifs.

Comment redresser la situation :

Que l'on sache ou non ce qu'un individu ressent et pourquoi il le ressent, il est possible d'utiliser chaque préoccupation centrales comme un levier pour stimuler en lui des émotions positives.

C'est souvent plus simple que de chercher parmi toutes les émotions négatives celle qui a été titillée.

Il faut donc intervenir, par la parole ou les actes, sur l'un des domaines de préoccupation centrale, en revoyant à la hausse ou à la baisse le statut, l'affiliation, l'autonomie, l'appréciation et le rôle de l'interlocuteur, les émotions positives en découlent.

Les préoccupations centrales peuvent aussi servir à imprimer une orientation positive à nos propres émotions.

Il est parfois possible de réduira la pression liée à une décision importante en se souvenant qu'on a toute latitude d'accepter ou de rejeter un accord avec l'autrui. Ou de renforcer son statut en partageant avec l'interlocuteur certain de nos connaissances dans un domaine pertinent.

L'une des meilleures raisons de bien veiller à répondre aux préoccupations centrales est que cela évite les fortes émotions négatives qui risque de surgir pour peu qu'on ne le fasse pas. (La joie que l'on éprouve à respirer est sans commune mesure avec la détresse qui nous étreint lorsqu'on se noie).

En bref : les préoccupations centrales sont des éxigences communes à toute personne impliquée dans une situation de communication quelle qu'elle soit. Plutôt que de vouloir traiter directement les dizaines d'émotions fluctuantes qui affectent son esprit et ce lui des autres, mieux vaut ce concentrer sur cinq préoccupations centrales : l'appréciation, l'affiliation, l'autonomie, le statut et le rôle.

Celles-ci peuvent servir de levier pour stimuler les émotions positives chez vous et les autres.

Si vous disposez d'un peu du temps, vous pouvez aussi les utiliser à la façon d'une loupe permettant de déterminer quelle préoccupation fait l'objet de négligence et adapter vos actes en conséquence.

Les préoccupations centrales sont suffisamment simples pour qu'on les exploite sans attendre, et suffisamment sophistiquées pour répondre à des situations complexes.

Une négociation impliquant plusieurs parties autour d'enjeux élevés exige une connaissance poussée des cinq préoccupations centrales.

CAPITRE 4

Les facteurs de changements

A tout moment vous pouvez décider de changer votre vie, vous n'êtes pas obligé d'attendre de souffrir pour évoluer. Choisissez d'avoir la vie qui vous correspond.

La plupart du temps, le processus de transformation est enclenché par un facteur extérieur, une épreuve qui va se charger de nous pétrir : accident, maladie, perte d'emploi, séparation…..

Une remise en question naturelle : au plus profond de nous, nous sentons que nous avons atteint la fin d'un cycle et qu'un nouveau s'annonce. Une telle période est propice à la réflexion et l'auto-analyse, qui peuvent apporter des réponses à nos questions, il est fréquent d'être sensible au passage des dizaines à 30,40,50 ou 60 ans nous changeons de vibration, donc de centre d'intérêt et de préoccupations personnelles . il est bénéfique de profiter de ces phases là pour réaliser un travail intérieur. Ce peut être le moment de faire le point sur ses réels choix de vie, de rencontrer ses aspirations profondes, d'autant que l'on bénéficie d'une énergie toute particulière pour se lancer de nouveaux défis, pour réaliser un rêve, ou pour s'ouvrir au monde et aux autres.

Une intuition majeure peut provoquer une prise de conscience cruciale qui ébranle notre vie, cette révélation s'impose à notre esprit et clarifie notre existence comme un coup de projecteur. Nous semblons sortir spontanément de nos ombres, de nos souffrances ou de nos indécisions, comme si notre intuition montait de la profondeur de notre sagesse intérieure .la prise de conscience fulgurante, crée un choc souvent suivi d'une réaction physiologique au niveau de la respiration et du rythme cardiaque.

La compréhension soudaine émergeant du fond de notre être nous dit que nous somme prêt à passer à autre chose ; l'intuition délivre des trésors à qui sait l'accueillir. Catalyseur naturel, elle est une bénédiction et une clef extraordinaire pour accéder au changement.

Une telle intuition peut toucher toutes les sphères de notre vie et nous prépare souvent à un changement profond. Cette prise de conscience nous montre la voie, mais pour être effective et pour générer des bénéfices, elle demande à être validé par une action dans la réalité matérielle.

Un choc affectif causé par la perte d'un être cher, une séparation dans le couple....sont des événements traumatisants qu'il faut surmonter et dépasser pour pouvoir les intégrer. le repli sur soi qui fait suite a&u choc est naturel, c'est le temps du deuil ou nous pansons notre blessure, ou nous tentons de comprendre pour atténuer notre tristesse, notre désespoir. Cette période de solitude est souvent l'occasion de trouver le sens de sa propre vie.

La perte ou l'éloignement de l'autre laissent un vide ou nous sommes seuls face à nous-mêmes. Une telle rupture de lien nous permet de tourner notre regard, vers soi et vers Dieu.

Il arrive qu'à l'occasion d'un tel choc, étains se rapprochent d'eux-mêmes pour la première fois de leur vie. Dans de tels moments, nous devons apprendre à faire la part des choses, car la souffrance du moment peut en raviver d'autres beaucoup plus anciennes, non intégrées car non résolues.

Prendre la mesure de ce qui nous arrive, peut être le début d'un travail sur soi et d'une ouverture de la conscience à de nouvelles dimensions, car aucune réponse logique et rationnelle ne peut apporter de réponse satisfaisante à la question « pourquoi est ce que ça m'arrive ? ». Seule la lucidité de notre regard peut apporter les solutions dont nous avons besoin pour surmonter et dépasser l'épreuve.

Il faut savoir que la période de deuil est indispensable avant de revenir au mouvement de la vie, à une nouvelle vie. C'est un temps ou nos cops physique, psychique et émotionnel « digèrent » la douleur et il est vain de vouloir échapper à cette période ; un deuil non vécu empêche la vie de refleurir.

Une remise en question professionnelle profonde

Cette mise en question liée à la perte d'un emploi, à une période de chômage une rétrogradation, est souvent une période très difficile à vivre. A la perte de nos repères et de nos revenus s'ajoute la difficulté émotionnelle de gérer la situation.

On se sent dévalorisé voire atteint dans notre identité. Si nous avons pris l'habitude de nous identifier à notre fonction professionnelle, d'en faire notre « raison d'être », le jour ou l'on s'en trouve privé, notre vie perd tout son sens. Etre avec soi et pour soi, ne veut plus rien dire sans ce point d'ancrage social.

La plupart d'entre nous vivent la perte d'emploi comme un choc, car avec elle c'est une partie de notre univers qui s'effondre. De plus ce que nous vivons comme une exclusion peut aussi renvoyer à des situations similaires du passé non intégrées. Mais une telle épreuve nous met face à une alternative, ou nous avons le choix entre deux attitudes.

Une méthode multifonctions : l'appréciation

Se sentir apprécié, vu l'impact exercé sur la personne concernée, est une préoccupation essentielle. Tout le monde souhaite qu'on l'apprécie.

Les effets de l'appréciation sont simples et directs.

Lorsqu'on s'estime mal apprécié, on se sent moins bien. Et lorsqu'on est reconnu à sa juste valeur, on se sent mieux. Le cours de notre estime remonte, ce qui, comme à la bourse, est très appréciable. Cela nous ouvre d'avantage à l'écoute et nous dispose à la coopération.

L'appréciation ne désigne pas seulement une préoccupation, c'est aussi une démarche.

Apprécier est un verbe. l'appréciation revêt d'autant plus de valeur, à la fois en tant que préoccupation centrale et que démarche stratégique, qu'elle est souvent le meilleur moyen, lorsqu'on l'exprime sincèrement, de répondre à une bonne part des préoccupations centrales d'autrui.

Apprécier autrui peut être un raccourci, une méthode multifonctions permettant d'insuffler des émotions utiles à vos interlocuteurs.

Votre interlocuteur qui manifeste une appréciation réciproque a d'avantage de chances d'atteindre un accord raisonnable que d'autres qui s'en abstiennent.

En fait que votre interlocuteur vous le rende ou pas, vous avez tout à gagner à lui faire sentir votre appréciation. il se montre plus à l'aise, plus coopératif. Et en retour, vous avez toutes les chances de stimuler son appréciation envers vous.

Ce qui empêche de se sentir apprécié

Dans la plupart des situations communicationnelles, trois grands obstacles découragent habituellement les sentiments d'appréciation mutuelle.

D'abord, il peut arriver à chacun de ne pas comprendre le point de vue de l'autre.

Nous savons expliquer notre vision, mais n'assimilons pas la sienne.

Alors même que l'autre est entrain de parler, on réfléchit déjà à ce que l'on va dire après. Et sans réelle écoute, personne ne peut se sentir compris.

Ensuite, lorsque nous n'approuvons pas ce que dit l'autre, nous sommes souvent portés à dénigrer les qualités de son discours ou de ses actes, comme si notre travail consistait en partie à rabaisser l'autrui.

Souvent nous cherchons à débusquer la faille plutôt que les mérites dans le propos de l'autre .et comme chacun ne perçoit le monde qu'à travers son propre regard , nous nous sentons dévalorisés aussitôt que notre vision des choses n'est pas reconnue ou qu'elle est rejetée .
Lorsqu'on a passé des semaines à élaborer une proposition et que l'autrui n'émet rien d'autres que des critiques, il y a de quoi céder au découragement et à la colère.

Il est fréquent qu'on omette de communiquer la vertu qu'on trouve à la pensée, au sentiment ou aux actes de ses interlocuteurs.

Lorsqu'une partie entend l'autre se borner à contredire sa position, elle en déduit que son message et les vertus qu'il recèle n'ont pas été entendues. Ce qui la conduit à le renouveler avec d'avantage de force ou à renoncer.

Trois éléments pour exprimer l'appréciation

Pour exprimer son appréciation, un simple merci ne suffit pas, il est indispensable :

* De comprendre le pont de vue de chacun

* De trouver du bien- fondé à ce que chacun pense, ressent ou accomplit.

* De communiquer cette compréhension à travers des paroles et des actes.

La voix du coeur

Il existe deux grandes voies, l'une est plus axée sur la méditation et la vigilance, l'autre sur le cœur et l'amour.

Toutes les deux sont complémentaires et nécessaires à notre croissance spirituelle. Chacun doit trouver sa voie, son milieu, certains d'entre nous étant plus sur la voie de la méditation et d'autres plus sur celle du Cœur et il est dit que finalement les deux voies mènent au même espace, à savoir la réalisation de soi,.

La voie du cœur, c'est :

- S'aimer soi-même et s'accepter

- S'abandonner à l'existence, ses joies et ses peines

- Etre ordinaire et simple

- Etre capable de s'émerveiller avec les plus petits cadeaux de la vie

- Redevenir un enfant innocent mais conscient

- Renaître à chaque instant qui passe...

C'est la voie des soufis ou du mystique Ramakrishna par exemple et c'est souvent celle de la femme ! A vous de sentir si c'est la vôtre... Une chose est sûre : **aucun progrès spirituel ne peut être réel, sans ouverture du cœur,** sinon conduire à la construction d'un bel ego spirituel !

Merci pour la lecture.

Pour le même Auteur :

- Comment obtenir ce qu, on veut quand on veut
- Comment supprimer les virus de notre bio-ordinateur
- Comment maitriser les effets de nos émotions
- Comprendre pour agir 700 concepts en or pour mes lecteurs
- Apprendre à maitriser vos émotions et vos réactions
- Attention ! Les marches de la descente à l' enfer sont glissantes
- Le moteur des activités humaines
- Pourquoi tant de souffrance
- Découvrir votre coffre rempli d' or
- Le secret de 7 chèvres de mon père
- Apprendre à utiliser votre cerveau